AF230638

L'ARRÊT PUBLIC

CONVENANT

A LA FRANCE.

L'ARRÊT PUBLIC

CONVENANT

A LA FRANCE

PAR

A. DE GUISET.

> L'arrêt public est le seul qui demeure.
> GRESSET.

BRUXELLES,
OFFICE DE PUBLICITÉ
48, RUE DE LA MADELEINE.
1871

SOMMAIRE.

—

PRÉFACE.

En présence de l'immensité des malheurs de la France, il semble que, dans un pays si cruellement éprouvé, tout homme de cœur, tout citoyen digne du nom de Français, doit se recueillir et se demander, — dans un examen de conscience approfondi, — s'il a bien fait tout ce qui était en son pouvoir pour mettre à couvert sa part de responsabilité morale, dans les événements douloureux qui viennent de s'accomplir et aussi pour conjurer de nouveaux dangers.

Il n'est que trop vrai, hélas ! malgré tous les désastres éprouvés par ce beau pays, d'autres périls le menacent encore.

Mais ils peuvent être écartés par l'apaisement des esprits, la concorde et l'abnégation sans bornes de tous les bons citoyens.

Qu'ils sachent éviter de verser dans une coupe déjà si pleine d'amertume, le fiel envenimé de l'anarchie, et la France, guérie de ses profondes blessures, se relèvera plus grande et plus forte que jamais.

Peut-être, avant d'entamer un sujet aussi délicat qu'une tentative de rapprochement entre les partis, devrais-je faire ici une profession de foi et me faire connaître à mes concitoyens.

Mais à quoi bon?

Le public n'est-il pas habitué à ne voir dans toute profession de foi qu'une manœuvre électorale n'engageant à rien celui qui l'a produite, puisqu'il renie si souvent le lendemain ce qu'il a dit ou écrit la veille ?

Frappé des calamités qui ont accablé mon pays, je crois entrevoir les moyens de le servir utilement en m'adressant au cœur, au bon sens, au patriotisme de beaucoup de mes compatriotes et à l'intérêt privé du plus grand nombre.

Il n'est donc pas besoin d'une profession de foi ne

servant qu'à répéter ce qui s'est dit souvent et dont le résultat le plus assuré serait de m'aliéner à l'avance les sympathies que j'ambitionne et que je sollicite de mes lecteurs.

Je dois cependant exposer les raisons qui m'ont déterminé, moi Français de cœur et d'âme, Parisien de naissance, d'instincts et de goûts, m'absentant à grand' peine, un mois chaque année de cette belle ville de Paris que j'aime tant, — ce qui, par parenthèse, indique surabondamment que j'y ai supporté les angoisses et les douleurs de son mémorable siége, enduré ma part de privations et de misères et souffert les fatigues du service pénible des remparts, quoique n'ayant pas la moindre aptitude militaire; — je dois, dis-je, expliquer pourquoi je suis venu — ici — à Bruxelles, me cacher, pour ainsi dire, et y publier cette brochure sous un pseudonyme ou du moins sous un nom inconnu que mes ancêtres portaient avec le leur avant la révolution.

Le dirai-je, malgré ma répugnance à laisser percer dans cette préface mon peu de sympathie pour la République, avant d'avoir donné les raisons de mon ressentiment, sous cette forme de gouvernement où la liberté est telle, que tout s'y peut faire et commettre en son nom, on ne peut parler ni écrire avec quelques chances de succès — à Paris surtout — qu'à la condition de surenchérir sur l'exagération de certaines doctrines plutôt faites pour égarer le peuple que pour l'éclairer.

Je ne suis, certes, ni orateur ni écrivain; mais, autant

que bien d'autres et quels autres le plus souvent, j'aurais
pu, ce me semble, prendre part à la discussion des affaires de mon pays, prononcer quelques paroles à la tri-
bune d'un club ou essayer de propager mes idées dans
un journal.

Mais je ne pouvais réaliser un tel projet qu'à la condition de ne vouloir que la République, de ne parler que
de la République et d'affecter des sentiments exclusive-
ment républicains.

Il m'eût été certainement impossible de risquer aucune
parole ou d'écrire une seule ligne en faveur d'une restauration monarchique.

Et cependant aucun gouvernement régulier n'est encore
constitué en France, la République proclamée le 4 septembre 1870, ne pouvant à bon droit être considérée
jusqu'ici comme l'expression de la volonté du pays.

Me croira-t-on à Bruxelles, quand je dirai que, dans
aucun club à Paris, pendant la dernière période électorale, il n'était permis à un orateur s'adressant à une assemblée toujours des plus tumultueuses, de dire simplement: « Messieurs » Cette expression, qui n'a que le tort
d'être polie, était si mal interprétée que tout orateur ayant
prononcé ce mot, par mégarde bien entendu, se reprenait
confusément ainsi: « Je veux dire citoyens. »

C'était le seul moyen de couvrir sa faute et de faire
écouter un discours fort compromis dès le début, par

l'intempestive appellation qualifiée de réactionnaire.

Dans ces conditions et devant un public aussi intolérant, comment donc parler d'une restauration monarchique?

Même intolérance de la part des journaux dont plusieurs cependant sont considérés comme n'étant pas animés du feu sacré pour la République une et indivisible.

Cependant je ne sache pas qu'il y en ait eu beaucoup ayant patronné ouvertement les candidatures des princes d'Orléans à la représentation nationale.

Je ne parlerai ici que pour mémoire, triste souvenir, hélas! de la croisade pour la *Guerre à outrance*, question brûlante qu'il n'était permis d'aborder que pour demander à poursuivre cette guerre sans trêve ni merci.

Un jour, je rompis mon silence et je signai timidement une lettre que j'adressai à chacun des principaux journaux. Cette lettre contenait quelques réflexions au sujet de la tentative d'armistice faite dans le commencement de novembre par M. Thiers, l'illustre homme d'État que la France vient d'acclamer chef du pouvoir exécutif.

Ma lettre ne put obtenir les honneurs de l'insertion.

Tout cela pour ne pas déplaire au peuple souverain, qui, à la façon dont il exerce la souveraineté, peut bien être considéré comme un tyran des plus absolus.

J'aurai à revenir, dans un des chapitres qui vont suivre,

sur la popularité recherchée par tant d'entre nous et j'essayerai de démontrer que c'est elle qui a causé une partie de nos malheurs et qui pourrait encore entraîner la France à sa perte.

Je demande humblement pardon à mes lecteurs de cette longue préface, mais je crois qu'elle était nécessaire pour leur faire entrevoir les sentiments qui m'ont inspiré en publiant cette brochure, de laquelle je m'efforcerai d'éloigner toute passion.

Je me bornerai à présenter un exposé de faits appartenant à l'histoire, en indiquant, par voie de comparaison entre les différents systèmes gouvernementaux, les motifs qui militent en faveur d'une restauration de la monarchie constitutionnelle.

J'espère pouvoir démontrer la justice de la cause que j'ai embrassée avec ardeur et à laquelle je serais heureux de rallier le plus grand nombre de mes concitoyens.

Bruxelles, mars 1871.

I.

LES GOUVERNEMENTS DÉCHUS.

Dans le cadre restreint que je me suis imposé, je ne puis, on le comprendra, faire entrer l'histoire de tous les gouvernements qui se sont succédés en France, dans l'espace de quarante années.

Je passerai donc rapidement en revue les faits qui se sont accomplis lors de leur avénement et ceux qui ont précipité leur chute, en ayant toujours présent à la pensée ce principe, qu'on ne saurait trop méditer, que la perfection n'étant pas de ce monde, les gouvernements pas plus que les hommes ne peuvent s'affranchir de cette loi de l'humaine nature.

Cet examen des transformations successives de la forme gouvernementale en France est d'autant plus logique que, malgré toutes les fautes commises dans le passé, il n'en faudra pas moins revenir soit à la monarchie du droit divin ou à la royauté constitutionnelle, soit à la République ou à l'Empire.

Ceci posé, je parcours l'histoire, ou je fais appel à tous mes souvenirs, suivant les différentes phases de mon récit.

§ I.

Monarchie des Bourbons.

« Le 3 juillet 1815, une convention militaire ayant été
» conclue à St-Cloud entre Davoust (commandant l'armée
» de Paris) et les alliés, trois jours après, ceux-ci firent
» leur entrée solennelle à Paris. Louis XVIII y revint le
» 8 juillet, deux jours après l'invasion victorieuse. L'ar-
» mée renvoyée derrière la Loire après l'évacuation de
» Paris, fut dissoute et la cocarde nationale remplacée
» par la cocarde blanche. »

Ces quelques lignes font toucher du doigt la tache originelle et indélébile de la restauration, et ce n'est pas dans un moment où le cœur de la France est déchiré de douleur, que le pays accepterait le retour d'un gouvernement issu d'une intervention étrangère.

Un tel gouvernement rappellerait trop cruellement à

la France les tristes souvenirs de ses premières invasions, bien qu'à la vérité les désastres de 1814 et de 1815 n'aient pas été à beaucoup près pour le pays aussi immenses que ceux de la *fatale année* 1870.

Examinons néanmoins quels sont les événements qui ont amené la chute du trône des Bourbons, et voyons si la France serait plus disposée à oublier les fautes du roi Charles X que l'avénement de son prédécesseur.

Tous les historiens s'accordent à condamner l'absolutisme, le sens politique et le despotisme de Charles X.

Il fallait, en effet, que ce roi fût bien décidé à ne tenir aucun compte des aspirations du peuple français, et à défier l'opinion publique, pour rendre les fameuses ordonnances de juillet 1830, en dépit du vœu des populations si énergiquement exprimé par l'envoi à la chambre de 270 membres de l'opposition contre 145 députés dévoués quand même au gouvernement.

Une aussi lourde faute, commise par un monarque qui, pendant un quart de siècle, avait pu songer amèrement dans l'exil aux résultats souvent si terribles des fureurs populaires, une telle faute, dis-je, devait fortement peser sur toute la vie de son unique héritier.

Et combien peu l'existence d'un homme compte-t-elle dans la vie d'un peuple?

Aussi, malgré le respect et l'intérêt qu'inspirent les grandes douleurs héroïquement supportées, l'immense majorité des Français pense que la monarchie du droit divin est à tout jamais condamnée en France.

D'ailleurs, comment admettre que Henri de Bourbon, qui n'a pas revu la France depuis plus de quarante années, puisse gouverner un pays dont il connaît à peine les mœurs, les besoins et les légitimes aspirations.

Il n'a pas de postérité ; son héritier légitime est le Comte de Paris ; pourquoi, par une abdication pure et simple, n'engagerait-il pas ses partisans à reporter tous leurs vœux sur le Chef de la maison d'Orléans?

Le Comte de Chambord a dû souvent méditer, dans les tristesses de l'exil, les terribles leçons que ses aïeux ont reçues.

Élevé à l'école du malheur et détaché des grandeurs souveraines, ce Prince conservera l'auréole d'un martyr expiant les fautes de ses pères.

L'histoire consacrera ce rôle sublime comme un hommage rendu à la mémoire de celui dont l'amour pour la France vient de se révéler sous une forme si grandiose, dans ces derniers jours de misères et de deuils.

Je veux parler de l'admirable protestation du noble exilé contre le bombardement de Paris.

Le lecteur me saura gré, je n'en doute pas, de reproduire ici cette page éloquente qu'on a lue dans le journal *l'Univers* et qui se passe de tout commentaire :

« Il m'est impossible de me contraindre plus long-
» temps au silence.

» J'espérais que la mort de tant de héros tombés sur

» le champ de bataille, que la résistance énergique d'une
» capitale résignée à tout pour maintenir l'ennemi en
» dehors de ses murs, épargnerait à mon pays de nou-
» velles épreuves; mais le bombardement de Paris
» arrache à ma douleur un cri que je ne saurais con-
» tenir.

» Fils des rois chrétiens qui ont fait la France, je gémis
» à la vue de ses désastres. Condamné à ne pouvoir les
» racheter au prix de ma vie, je prends à témoin les
» peuples et les rois, et je proteste comme je le puis, à
» la face de l'Europe, contre la guerre la plus sanglante
» et la plus lamentable qui fut jamais.

» Qui parlera au monde, si ce n'est moi; pour la ville
» de Clovis, de Clotilde et de Geneviève; pour la ville
» de Charlemagne, de saint Louis, de Philippe-Auguste
» et de Henri IV; pour la ville des sciences, des arts et
» de la civilisation.

» Non! je ne verrai pas périr la grande cité que chacun
» de mes aïeux a pu appeler : *Ma bonne ville de Paris.*

» Et, puisque je ne puis rien de plus, ma voix s'élè-
» vera de l'exil pour protester contre les ruines de ma
» patrie; elle criera à la terre et au ciel, assurée de
» rencontrer la sympathie des hommes, et attendant tout
» de la justice de Dieu.

HENRI. »

7 janvier 1871.

.   .   .   .

.   .   .   .

Le silence et le recueillement peuvent seuls contenir l'émotion qu'inspirent des sentiments d'indignation si noblement exprimés.

. . . .

. . . .

§ 2.

Gouvernement de Juillet.

La royauté de Louis-Philippe est issue de la révolution provoquée par les ordonnances si maladroitement rendues par Charles X, le 26 juillet 1830.

On observait alors certaines formes légales pour proclamer un nouveau gouvernement, et bien que le trône des Bourbons eût été brisé dans un accès de colère du peuple, le pouvoir issu de la révolution ne s'installa pas aussi effrontément que plus tard l'ont fait ses successeurs.

« Le 30 juillet 1830, Louis-Philippe d'Orléans fut
» nommé lieutenant général du royaume. »

» Le 7 août suivant, il fut proclamé par les chambres
» Roi des Français, sous le nom de Louis-Philippe 1er.

» Il prêta serment à la charte qui avait été établie
» sous les règnes précédents et qui fut alors légèrement
» modifiée par la suppression de l'article 6, qui déclarait

» catholique la religion de l'État et de l'article 14, qui
» conférait au roi le droit de faire des ordonnances. »

Voilà donc un gouvernement légal proclamé par les chambres et accepté par le pays, capable en conséquence d'assurer à la France le repos et la tranquillité dont elle avait tant besoin.

Aussi, malgré les attaques incessantes du parti républicain qui, devenait de jour en jour plus remuant, ce gouvernement donna-t-il pendant dix-huit ans, à la France, un bonheur et une prospérité qu'il serait à souhaiter qu'elle retrouvât, aujourd'hui que tout est remis en question.

C'est sous le règne de Louis-Philippe que nous voyons s'accomplir la conquête de la plus grande partie de l'Algérie, où tant de généraux, et avec eux, plusieurs des fils du roi se sont illustrés.

Nous voyons aussi se développer le commerce et l'industrie, dans des proportions jusqu'alors inconnues.

Enfin, c'est de ce règne que date le commencement des grands travaux publics et édilitaires :

Routes, chemins vicinaux, canaux, chemins de fer constructions de toutes natures, etc. ; ces travaux paraissent aujourd'hui de bien minime importance, si on les compare aux gigantesques entreprises accomplies depuis; cependant la force d'impulsion étant donnée, la France, en conservant ce gouvernement, fût certainement arrivée sans secousses à une richesse et à une prospérité des plus honorables qu'elle n'eût pas été exposée à perdre par les chances aléatoires d'une guerre dynastique.

La politique de Louis-Philippe, tant à l'intérieur qu'à l'extérieur, a été diversement appréciée ; elle appartient aujourd'hui à l'histoire ; mais ce qu'on peut affirmer, c'est que lorsqu'éclata la révolution de février 1848, la plupart des Français, sans éprouver peut-être un amour excessif pour le roi, étaient loin de penser à le renverser.

Aussi ne faut-il voir dans cette révolution qu'une émeute de quelques heures dont le parti républicain sut tirer tout le profit.

Les membres de l'opposition modérée et ceux du parti radical ont joué à cette époque la comédie si connue de *Bertrand et Raton*.

Les premiers ont tiré les marrons du feu, et ce sont les républicains qui les ont mangés.

« La question de la réforme électorale et parlemen-
» taire ayant pris des proportions inquiétantes, Louis-
» Philippe résolut de ramener le calme dans les esprtis
» en sacrifiant un ministère impopulaire.

» La satisfaction en fut fort vive dans la soirée du 23
» février. »

Mais une pareille solution ne pouvait plaire au parti républicain. Chacun connaît l'histoire du coup de feu tiré par Lagrange ou un de ses acolytes, sur les soldats réunis au ministère des affaires étrangères.

La troupe riposta, et quelques curieux plus ou moins inoffensifs furent tués ou blessés.

Des tombereaux amenés à l'avance par les émeutiers, emportèrent les cadavres et les promenèrent dans Paris, à la lueur des torches, en criant et vociférant qu'on assassinait le peuple!

Le tour était joué!. . . . .

. . . . , ...

Je raconte ici ces événements, non pas l'histoire à la main, mais bien *de visu et auditu*. Ils sont tellement gravés dans ma mémoire, qu'ils me semblent dater d'hier.

Le **24** février, l'insurrection demeura victorieuse, et Louis-Philippe quitta la France, voulant éviter une nouvelle effusion de sang.

Quand par la pensée on se reporte à cette époque, après avoir parcouru toutes les phases douloureuses que nous venons de traverser, on ne peut s'empêcher de se demander si les Français ne portent pas aujourd'hui la peine de la légèreté et de l'insouciance avec lesquelles ils ont laissé renverser un gouvernement honnête qui convenait si bien à leur pays, et chasser un roi qui a pu se tromper, mais qui n'avait pourtant pas d'autres pensées, d'autres préoccupations que le bonheur du peuple.

D'ailleurs, les erreurs de Louis-Philippe ne sont que fautes vénielles comparées aux péchés mortels, trop — mortels, hélas! — qui ont été commis depuis.

Quand donc les hommes, en rendant leurs jugements, qu'ils prétendent infaillibles, s'inspireront-ils de ces belles paroles du Christ défendant une malheureuse égarée : « Que celui d'entre vous qui n'a jamais péché, lui jette « la première pierre.! »

§ 3.

République Française... II. (1)

Un gouvernement provisoire fut improvisé le 24 février ; il se composait de onze membres appartenant tous au parti républicain plus ou moins avancé.

Le premier acte de ce gouvernement, dont les membres avaient été nommés on n'a jamais su au juste ni par qui ni comment, fut de proclamer la république sans consulter la France ; aussi fut-elle bien surprise en apprenant cet événement, auquel elle était loin de s'attendre.

On observera que la France ne manifesta aucune répugnance contre la forme républicaine, puisque les représentants qu'elle envoya plus tard à l'assemblée constituante proclamèrent de nouveau la République, à la séance d'ouverture le 4 mai suivant ; mais comme aucune proposition ne fut mise aux voix et que le vote eut lieu

---

(1) Ce numéro d'ordre chronologique semblera sans doute un peu... fantaisiste ; cependant, comme en ce moment nous sommes sous la 3e république et que *nous ne savons pas combien l'avenir nous en réserve*, il m'a paru indispensable de suivre les règles établies pour l'intelligence de l'histoire. Il m'a paru aussi de bon goût de raiter nos républiques comme les souveraines des pays n'ayant pas la loi salique.

à l'unanimité et par acclamation, il est permis de supposer que, de cette façon, chaque parti entendait garder ses préférences et faire ses réserves pour l'avenir.

Il faut reconnaître que ce gouvernement ne fit pas trop de mal à la France ; mais il est facile de prouver, par les résultats de l'élection présidentielle, que le pays n'avait pas un grand enthousiasme pour la république, et qu'il ne demandait qu'à se jeter dans les bras d'un prétendant.

En effet, deux candidats à la présidence se trouvaient en présence.

D'une part, le prince Louis-Napoléon Bonaparte qui, en 1836 à Strasbourg et en 1840 à Boulogne, avait tenté de renverser le trône de Louis-Philippe avec des mises en scène grotesques, devenues, depuis, légendaires.

D'autre part, le général Cavaignac, chef du pouvoir exécutif.

La France ainsi régulièrement consultée, donna cinq millions six cent mille voix au Prince Louis-Napoléon, tandis que le général Cavaignac, républicain convaincu et avant tout honnête homme — lui ! — n'obtint que huit cent mille suffrages.

A dater de ce jour, la république était condamnée, car bien que la constitution démocratique de 1848 n'ait été violée qu'à l'âge de trois ans,... — heureuse constitution ! — il n'y avait aucune illusion à se faire sur la signification du vote des campagnes ni sur les visées de celui qu'on nommait alors le Prince Président de la République Française.

« Dans la nuit du 1ᵉʳ au 2 décembre 1851, un grand
» nombre de représentants furent arrêtés et enfermés à
» Mazas et au Mont-Valérien. Le lendemain, un décret
» et une proclamation du Prince Président apprirent, à
» Paris et à la France, que l'Assemblée était dissoute et
» que le peuple français était convoqué dans ses comices
» du 14 au 21 décembre pour voter sur un plébiscite
» qui soumettait à ses suffrages les bases d'une nou-
» velle constitution.

» La résistance de Paris fut promptement étouffée,
» non sans effusion de sang.

» Ce coup d'État était un acheminement vers le réta-
» blissement de l'Empire. Louis Napoléon, élu pour dix
» ans et investi par sept millions et demi de suffrages
» du pouvoir constituant, promulgua une constitution
» analogue à celle de l'an VIII.

» Cette constitution, mise en vigueur à la fin de mars
» 1852, devait faire place à une autre, avant que l'année
» fût écoulée.

Le 2 décembre fut un crime que l'immense majorité de la nation voulut bien absoudre. Beaucoup cependant résistèrent et ne voulurent pas assister au triomphe de la force brutale. Ils expièrent par l'exil leur refus de reconnaître le nouvel état de choses.

De nombreux pamphlets ont été écrits sur cette date ensanglantée; Victor Hugo, dans un recueil qu'on vendait sous le manteau jadis, — et qui maintenant est dans toutes les mains, — a enveloppé dans les splendeurs de sa poésie toutes les colères de l'homme de parti et toute l'indignation de l'honnête homme ; son livre est et restera un stygmate empreint sur le souvenir de ces jours funèbres.

J'ai nommé *les châtiments !*

§ 4.

L'Empire!

Dans le courant des mois de septembre et d'octobre 1852, le Prince Président entreprit à travers les départements du midi un voyage pendant lequel il fut accueilli partout aux cris de : *Vive l'Empereur !*

« L'empire était fait dans les esprits. Pour les rassurer
» en France et au dehors sur les idées belliqueuses que
» semblait évoquer ce nom, le Prince dit à Bordeaux
» (9 octobre). *L'empire c'est la paix !* Au retour de ce
» voyage triomphal, un Sénatus consulte du 7 novembre,
» confirmé par le vote populaire des 20 et 21 (près de
» huit millions de suffrages) rétablit l'empire : Louis-
» Napoléon fut proclamé, le 2 décembre, Empereur sous
» le nom de Napoléon III. »

Voilà l'histoire de l'avénement au trône de ce singulier personnage qui rappelle si bien celui de *Vautrin,* le héros fameux d'un drame de notre illustre Balzac.

Voyons maintenant comment le 4 septembre 1870 s'écroula cet empire théâtral, habilement machiné, mais dont le succès, depuis quelque temps déjà, tirait à sa fin.

Il n'est pas un Français, habitât-t-il le fond du plus humble hameau, qui ne comprenne aujourd'hui que l'Empereur ne déclarait la guerre à la Prusse que pour assurer, en cas de succès, l'avenir de sa dynastie et redorer son blason dont le *maquillage* s'écaillait de tous côtés.

L'imagination reste confondue en présence de la légèreté et de l'imprudence avec lesquelles le pays, qui n'y était nullement préparé, fut engagé dans cette lutte formidable, contre une nation dont toutes les aspirations, le développement moral et industriel, étaient depuis dix ans dirigés vers ce but unique :

La guerre! . . . .

Ainsi vit-on la Prusse faire d'abord, avec l'alliance de l'Autriche, la guerre contre le Danemark.

Puis, la guerre contre l'Autriche, son ancienne alliée.

Et enfin, cette guerre rêvée depuis longtemps et préparée de longue main contre la France, et pour laquelle il lui fallait à tout prix mettre les apparences du bon droit de son côté.

M. de Bismark ayant rencontré dans Napoléon III un puissant auxiliaire, rien n'était plus facile pour lui que d'utiliser un pareil compère.

Comme s'y attendait le chancelier fédéral, la guerre fut déclarée par les ministres de l'Empire, dans les circonstances que les Français ont tous présentes à la mémoire.

Ma plume se refuse à raconter ici les événements foudroyants qui ont, en quelques semaines, conduit la France au bord de l'abîme.

La Nation allait payer cher la confiance illimitée qu'elle avait, à plusieurs reprises, accordée au conspirateur de Strasbourg et de Boulogne, à l'homme du 2 décembre, qui devait être plus tard le héros de Sedan.

Et pourtant il n'en coûtera à cet homme appelé par la France, l'Europe et le monde entier, Napoléon III, que le prix de son trône dont la chute ne paraîtra qu'un bien faible châtiment, pour les maux accumulés par lui sur le pays qui l'avait placé à sa tête!...   .   .   .   .   .

.   .   .   .

Est-ce à dire que dans les vingt années écoulées entre le crime du 2 décembre 1851 et la honteuse capitulation de Sedan en 1870, l'Empire n'ait rien fait pour la prospérité de la France?

Loin de moi cette pensée.

Il reste d'ailleurs encore assez de témoignages de notre grandeur passée, pour attester les progrès accomplis sous l'Empire.

On doit donc reconnaître que le gouvernement impérial, dont tous les actes ne peuvent être aujourd'hui jugés avec impartialité, fit de grands efforts pour améliorer la condition des classes laborieuses et développer les intérêts matériels du pays, par l'impulsion donnée aux travaux publics, le développement des institutions de crédit et de bienfaisance, l'établissement de la liberté commerciale, etc.

L'expérience a malheureusement démontré que cette satisfaction donnée dans la plus large mesure aux intérêts matériels, constituait pour le pays une prospérité plus apparente que réelle.

Les Français se trouvaient en effet par ce système forcément entraînés vers une seule et unique pensée : *Faire fortune le plus vite possible*, pour arriver avant l'heure fatale qui nous est à tous réservée, à profiter de toutes les jouissances matérielles de la vie.

Les libéralités de toutes sortes et les folles prodigalités de l'Empereur, développèrent autour du trône un luxe inouï de splendeurs et un raffinement de plaisirs qui ont pu exister déjà à d'autres époques, mais en restant circonscrites dans un certain rayon.

Grâce à nos mœurs démocratiques, grâce aussi à l'exaction et à la déprédation exercées sur la plus grande échelle dans les sphères gouvernementales, l'exemple venant de haut fut contagieux et s'étendit à presque toutes les classes de la société.

Aussi n'est-ce pas sans raison qu'on nommait Paris, qui malgré tout, sera toujours la capitale des Arts et de l'intelligence : la *Babylone moderne*.

Quelques écrivains lui ont même reproché de ressembler à Gomorrhe et à Sodome. Peut-être est-ce pousser un peu loin la sévérité.

L'ambition ne connaissant plus de bornes et la mollesse se glissant de jour en jour dans le caractère français, les qualités chevaleresques de la Nation s'altérèrent peu à peu et firent place à un orgueil démesuré, cette passion dont Bossuet a dit avec tant de justesse :

« C'est l'orgueil qui nous désunit, parce que chacun y » cherche son bien propre».

Si l'on réfléchit que ceux qui vont être appelés à continuer la défense opiniâtre du pays ont, eux aussi, subi cette transformation du caractère national, qu'un esprit d'indiscipline s'est infiltré chaque jour dans les rangs de l'armée, — conséquence forcée des fausses doctrines prêchées par certains hommes que nous verrons à leur tour au pouvoir ; — si l'on pense qu'une partie de cette armée va encore être commandée par des généraux de l'Empire préférant pour la plupart la bonne chère à la vie des camps, on frémit en voyant que la lutte, qui pouvait peut-être se terminer à Sedan, si le pays avait été appelé à se prononcer, que cette lutte, dis-je, va se prolonger plus terrible et plus lamentable que jamais.

Si encore les forces pouvaient être égalisées, les Français, en présence du danger, compenseraient encore par l'héroïsme et la valeur, dont ils ont donné tant de preuves sur les champs de bataille de l'Europe, l'instruction, la discipline, la bonne organisation militaire et les progrès de toutes sortes appliqués à l'art de la guerre que leurs redoutables adversaires ont su si bien réaliser.

Mais non, après Sedan ils sont à peine deux cent mille soldats exercés au maniement des armes et en état de supporter les fatigues de la guerre, pour arrêter le flot d'une invasion de près d'un million d'hommes se ruant sur le sol français et dont une partie se rend à marches forcées sur la Capitale.

Pauvre France! combien de tes enfants vont verser leur sang pour sauver l'honneur national, car c'est désormais, hélas! le seul but à atteindre.

II.

GOUVERNEMENT DE LA... DÉFENSE NATIONALE.

« Le dimanche 4 septembre 1870, M. Thiers soumet-
» tait au corps législatif la proposition suivante, appuyée
» par près de cinquante députés de toutes les parties de
» la chambre.

» Vu les circonstances, la Chambre nomme une com-
» mission du gouvernement de la défense nationale.

» Une constituante sera convoquée dès que les cir-
» constances le permettront.

» La séance ayant été suspendue pour l'examen dans
» les bureaux de cette proposition, la foule envahit la
» cour, les couloirs et les escaliers de la chambre et se

» précipite dans les tribunes publiques, en poussant le
» cri de : La déchéance, mêlé aux cris : Vive la France,
» vive la République. *(Extrait du journal officiel du*
» *5 septembre* 1870).»

Après plusieurs tentatives demeurées infructueuses
pour reprendre la discussion en séance publique, M. le
président Schneider quitte le fauteuil et se retire.

Pendant ce temps, un nouveau gouvernement s'était
établi à l'hôtel de ville, et la République avait été proclamée avec la même mise en scène qu'en février 1848.

On dirait que, dans ces circonstances, les Français ou
pour mieux dire les Parisiens, voulurent exhumer un
drame bien usé, n'ayant pas obtenu cependant un brillant
succès en 1848.

Et cela est si vrai, que dans la composition du nouveau
gouvernement, qui comprenait : le général gouverneur
de Paris, un tribun, des avocats, des journalistes, voire
même des Vaudevillistes, on trouva moyen de caser deux
ou trois anciens acteurs ayant déjà joué des rôles plus
ou moins importants à cette époque.

Dans une adresse au peuple français, en date du 5 septembre, le gouvernement déclare que la République est
proclamée pour sauver la patrie en danger, et que le
peuple (1) a mis ses représentants, non au pouvoir, mais
au péril (2).

---

(1) Il aurait pu ajouter : de Paris.
(2) Je cite le texte du journal officiel du 5 septembre 1870.

Et dans une proclamation adressée aux citoyens de Paris, il dit :

« Le gouvernement est avant tout, un gouvernement » de défense nationale. »

On va juger comment ce nouveau gouvernement si singulièrement constitué, comprit la mission qu'il s'était donnée de délivrer la France ainsi que ses membres en avaient pris l'engagement solennel devant le pays.

D'abord, pourquoi le gouvernement de la défense nationale ne s'est-il pas contenté de prononcer la déchéance de l'empire?

Pourquoi a-t-il proclamé la République sans avoir consulté la France?

Et pourquoi n'a-t-il pas rendu immédiatement exécutoire, sous forme de décret, la proposition si sensée de M. Thiers, tendant à la convocation d'une constituante?

On objectera qu'il fallait bien contenter le peuple (1) qui demandait à toute force la République.

Il était cependant facile au gouvernement de rédiger autrement sa proclamation aux Parisiens, en leur rappelant simplement que Paris n'était pas le maître des destinées de la France ; qu'il importait surtout de consulter le pays en lui faisant, toutefois, connaître les vœux énergiquement exprimés par la population parisienne, en faveur de la République.

___

(1) de Paris.

Mais, dira-t-on encore, une telle proclamation eût produit un effet désastreux et causé peut-être des troubles sérieux.

C'est une erreur, car le gouvernement eût facilement tourné la difficulté ; n'a-t-il pas d'ailleurs fait avaler bien des pilules, et des plus amères, à ces pauvres parisiens qui ne demandaient pas tous, *j'en suis sûr*, cette nouvelle république.

Quant à la question de la constituante, on prétend qu'il était difficile de réunir les représentants du pays, parce qu'il fallait avant tout changer les préfets de l'Empire et les remplacer par des hommes dévoués à la cause républicaine.

Oui certes, l'Empire étant déchu, il fallait révoquer en masse tous les préfets ; mais en même temps leur enjoindre de ne pas déserter leur poste où ils seraient conservés *par intérim* pour l'expédition des affaires, jusqu'à ce qu'il fût régulièrement pourvu à leur remplacement par le gouvernement issu de la nouvelle chambre.

En un mot, avant de connaître les volontés du pays, il ne fallait pas plus le républicaniser que... l'empirer.

Et pour éviter l'ingérence des anciens préfets dans les élections, il leur eût été interdit sous peine de très-fortes amendes et même d'emprisonnement (1), d'avoir à les influencer de quelque manière que ce fût.

---

(1) L'état de siége établi dans une partie de la France, motivait une mesure qui, vu les circonstances, ne pouvait être considérée comme arbitraire.

De la sorte, la France n'aurait pas été livrée à un gâchis administratif sans exemple.

De plus, comme alors il y avait à peine dix départements envahis, la Chambre élue aurait pu être considérée comme l'expression de la majorité du pays, bien mieux en tout cas que les seuls représentants de Paris qui s'étaient eux-mêmes, installés au pouvoir.

Une pareille attitude de la part de la France eût donné à réfléchir à M. de Bismark, et le pays, pouvant se prononcer librement sur la question de paix ou de guerre, un armistice eût certainement été obtenu, et la paix aurait pu être conclue à cette époque.

Au lieu de prendre d'aussi sages résolutions, le gouvernement fit les proclamations indiquées plus haut, et le ministre des affaires étrangères adressa, le 6 septembre 1870, cette fameuse circulaire aux agents diplomatiques de la France à l'étranger, dans laquelle, avec le style académique qui lui est familier, M. Jules Favre jetait à la face de l'Europe ce défi au vainqueur :

« Nous ne céderons ni un pouce de notre territoire, ni » une pierre de nos forteresses. »

Les Français peuvent compter aujourd'hui tout ce que leur a coûté de deuils et de misères et ce qu'il leur faudra encore payer la rédaction d'un programme aussi pompeux.

Comment donc peut-il se faire qu'un homme rompu aux affaires politiques, ayant fait partie depuis de nombreuses années de nos assemblées délibérantes, n'ait pu juger froidement la situation faite à la France, par suite de l'état d'infériorité militaire et administrative où l'avait laissée l'Empire?

Faut-il donc accuser un homme de la valeur de M. Jules Favre, ou d'avoir manqué de clairvoyance et de sens politique, en flattant la vanité nationale et laissant le pays se bercer de cette illusion qu'il ne pouvait être considéré comme belligérant vaincu, ou d'avoir songé avant tout à sa popularité et à l'avenir de la République, alors que les intérêts de la France (quelle que dût être la forme de son futur gouvernement) étaient seuls en jeu?

L'histoire se chargera de répondre à cette question.

On a dit que la France ne pouvait dévoiler sa faiblesse aux yeux du monde. Sa responsabilité et son honneur ne l'obligeaient cependant pas à continuer une guerre entreprise par l'Empire, dans son intérêt personnel, puisque la légitime indignation du pays avait renversé cet empire.

On eût encore compris la circulaire du ministre des affaires étrangères, après l'entrevue de Ferrières, dans laquelle Jules Favre se montra si grand citoyen ; mais que cette circulaire ait été le premier acte de sa carrière diplomatique, voilà ce qui confond l'imagination des hommes les plus sensés.

A partir de ce moment, tout espoir d'arrangement était perdu ; il ne nous restait plus qu'à *vaincre ou mourir*.

Encore des mots plus sonores que pratiques car le

gouvernement savait bien qu'on ne pouvait plus vaincre et il ne supposait pas que la France dût périr.

Mais il fallait, quoi qu'il en pût coûter, provoquer l'admiration du monde et continuer à épuiser le pays, parce que l'on n'avait pas eu assez de fermeté et de logique pour lui ouvrir les yeux.

Malheureuse France! Tu vas donc pendant cinq mois faire l'admiration du monde : Paris, ta splendide capitale, en soutenant jusqu'à sa dernière bouchée de pain un siége à jamais mémorable, et tes belles Provinces, en bravant toutes les horreurs de la guerre pour tenter de repousser l'invasion de plus en plus menaçante!!!   .   .

.   .   .   .

Afin de diriger l'action dans les départements, le gouvernement se scinda et envoya à Tours une délégation composée de ceux de ses membres ayant une réputation d'incapacité notoire et qui ne tardèrent pas à prouver qu'ils étaient loin d'être à la hauteur de leur mission.

Plus tard, le plus fougueux des membres du gouvernement de Paris, celui qui avait la conviction intime que la République seule pouvait sauver la France, alors qu'au contraire, elle changeait en appréhensions l'attitude contemplative des puissances neutres, M. Gambetta, alors ministre de l'intérieur, partit en ballon, et après avoir plané quelque temps dans les airs, s'abattit sur la province comme un oiseau de mauvais augure.

L'énergie de cet ardent républicain réveilla certainement l'apathie de la délégation de Tours, et en quelques jours, des levées d'hommes, des armements des emprunts étaient décrétés et réalisés avec une furie qui ne pouvait laisser place à la réflexion, si nécessaire pour une bonne organisation militaire, administrative et financière.

Le jeune tribun, qui cherchait ses voies et moyens dans les souvenirs de la première révolution, ne comprit malheureusement pas que 1870 ne ressemblait en rien à 1793.

En effet, par la levée en masse décrétée à cette époque, les hommes étaient, il est vrai, enrôlés et incorporés en quelques jours; mais il y avait cette différence, que les Français de 93 avaient à combattre des armées composées des mêmes éléments que les leurs et que, comme leurs ennemis, ils apprenaient en combattant le rude métier de soldat.

La bravoure et la valeur si connues du peuple français lui garantissaient alors la victoire.

Aujourd'hui, tout est bien changé.

Vous ne réfléchissez pas, M. Gambetta, que vous arrachez à leurs familles, à leurs champs, à toutes leurs occupations, pour les lancer contre des armées depuis longtemps préparées aux combats, des hommes qui n'ont pas, quoique vous en disiez, le feu sacré dont vous êtes embrasé, vous qui avez une idée fixe; des hommes à peine vêtus, mal nourris, ne connaissant ni le métier des armes, ni les privations, ni les fatigues de la guerre.

Vous voulez en quelques mois réaliser ce que la Prusse a mis dix années à créer.

Certes, si un tel résultat eût été obtenu, vous eussiez passé à bon droit pour un grand citoyen, et la France ne vous eût pas trop récompensé en vous plaçant à la présidence de cette république, objet de tous vos vœux, de vos soucis et de vos veilles.

Mais, franchement, l'accomplissement de ce que vous aviez rêvé, n'était-il pas au-dessus des forces humaines ? A peine les armées sont elles en formation, que vous prétendez organiser et décréter la victoire, tentant de suivre en cela l'exemple de Carnot, dont vous n'êtes, je dois le dire, que le pâle imitateur.

Carnot, en effet, était ou avait été militaire, tandis que vous, Gambetta, vous êtes... avocat !

De plus, Carnot était délégué de la Convention et représentait la France, et vous, vous n'êtes que le mandataire de Paris, plus encore par vos idées que par la légalité de votre arrivée au pouvoir.

De tout ceci, il résulte que, bien qu'étant de bonne foi, vous êtes obligé de recourir aux mensonges pour soutenir la confiance et l'énergie de ces milliers de soldats qui courent à la mort avec un héroïsme digne d'un meilleur sort.

En quelques jours, des généraux cités dans vos rapports comme des modèles de valeur, d'abnégation et de patriotisme, sont destitués et remplacés par d'autres auxquels leurs commandements sont également retirés plus tard.

Et pendant ce temps, à Paris, nous attendions la

délivrance que nous annonçait comme prochaine vos faux bulletins de victoire!!!

Que de reproches ne faisait-on pas au général Trochu, dont l'honnêteté et la bravoure ne peuvent être mises en question au sujet des moments d'inaction de la Capitale?

Il savait bien, lui, que les armées de secours n'arriveraient pas et que nous ne pouvions compter sur elles. En brisant le cercle de fer qui nous étreignait et pratiquant la fameuse trouée demandée par les à *outrance* (1), on exposait donc des corps d'armée à se trouver en rase campagne, sans moyen efficace de ravitaillement.

Aussi Paris devait-il attendre l'épuisement de ses vivres, pour sauver au moins son honneur.

Etrange destinée! que de fois pendant ces factions si pénibles des remparts, la nuit, par des froids de dix à douze degrés, je me suis demandé avec tristesse, si, vu la perspective du résultat final que je ne prévoyais que trop, hélas! l'admiration du monde compenserait toutes les ruines que cette guerre fatale aura coûtées à notre belle France.

En tout cas, le monde doit s'attendre à n'être pas payé de retour, et la France ne pourra se décider à l'admirer, car la conduite de l'Europe, assistant impassible à cette tuerie d'hommes, restera pour toujours la honte de l'humanité!

---

(1) Les Parisiens appelaient, dans leur langage pittoresque, des à *outrance* ceux qui pour la plupart ne faisant partie ni de l'armée ni de la mobile ni de la garde nationale mobilisée, voulaient la guerre sans trève ni merci.

Pour donner plus de valeur aux critiques auxquelles je me suis laissé entraîner contre le gouvernement de la .... démence nationale, ainsi que je l'ai entendu souvent nommer, je pourrais montrer un coin du tableau représentant les misères et les souffrances endurées par la population pendant le siége et dont la plus grande partie peut être attribuée aux fautes administratives de toutes sortes, commises par quelques-uns des membres de ce gouvernement.

Mais à quoi bon? — Je n'ajouterais rien à tout ce qui a été dit, mais je dois constater, en ce qui concerne le maire de Paris, que M. Jules Ferry doit penser aujourd'hui que si *la critique est aisée, l'art est difficile.*

Qui eût dit, en effet, que ce journaliste qui repassait jadis avec tant de soin les *comptes fantastiques d'Haussmann,* ne le cèderait plus tard en rien à celui-ci quant à l'arrogance et à l'antipathie pour la régularité dans les comptes financiers de la ville, sans avoir à beaucoup près, comme l'ancien préfet de la Seine, les qualités d'un bon administrateur.

Ces qualités, qui font absolument défaut au maire de Paris, eussent cependant été bien utiles, sinon indispensables, pour la bonne organisation relative au logement des réfugiés et des troupes, à l'établissement des boucheries municipales, au rationnement équitable et à la distribution de la viande et du pain, à la coupe des bois pour le chauffage, etc., enfin pour le règlement de toutes les dispositions nécessaires à assurer l'alimentation et l'existence de deux millions d'habitants dans une ville assiégée.

Des plumes plus exercées que la mienne ont déjà fait le récit de ce siége qui sera célèbre dans l'histoire, bien plus par l'abnégation et le patriotisme sans bornes des habitants de Paris à quelque classe qu'ils appartinssent, que par le mérite de ceux qui s'étaient placés à la tête de l'administration de la ville, sans s'inquiéter s'ils avaient les aptitudes nécessaires pour l'accomplissement d'une aussi lourde tâche.

Du reste, le maire de Paris a dû comprendre ce que signifiait le silence de la population à son égard, lors des dernières élections.

Je termine ici mon récit touchant le gouvernement de la défense nationale, ne voulant pas avoir à parler de cette douloureuse capitulation de Paris et de l'émotion qui gagna tous les cœurs lorsqu'on apprit que TOUT ÉTAIT FINI !   .   .   .   .

III.

L'ARRÊT PUBLIC (1).

La France, se trouvant en ce moment dans une phase transitoire, il doit être permis, sans pour cela être ni séditieux ni réactionnaire, de rechercher de bonne foi, quelle est la forme de gouvernement qui convient le mieux à ses mœurs, à ses aspirations, à son avenir.

---

(1) Je crois devoir à mes lecteurs quelques explications sur le titre de ce chapitre, reproduit dans celui de l'ouvrage.

Je désigne par l'*Arrêt Public* le jugement, la sentence, *l'arrêt* à rendre par le *public* ou mieux par le peuple français, dans la question pendante entre la république et la monarchie.

L'accouplement de ces deux mots peut, il est vrai, donner à penser que j'ai cherché un titre à sensation. J'avoue que celui-ci m'a séduit; mais je l'eusse rejeté, s'il m'eût embarrassé et s'il ne m'eût, au contraire, aidé à exprimer anssi sincèrement que je l'ai fait, mes sentiments, mes préférences et l'espoir d'une solution que j'appelle de tous mes vœux.

Pour le plus grand nombre des Français, le meilleur Gouvernement sera celui qui, en lui donnant de sages libertés, rouvrira plus vite les sources du travail national et lui offrira des garanties de sécurité sans lesquelles le pays ne pourrait se relever.

J'ai dit plus haut pourquoi la monarchie du droit divin semblait n'avoir aucune chance d'être rétablie en France; je n'en parle donc ici que pour exprimer de nouveau l'espoir qu'une fusion aura lieu entre les légitimistes et le parti constitutionnel.

Quant à l'empire ou à la république des communistes ou... communeux, leurs noms seuls évoquent des souvenirs de sang, et la France, pour y songer un seul instant, est trop désireuse de panser ses blessures et de cicatriser ses plaies.

La question se trouverait donc restreinte aux débats entre la république libérale et la monarchie constitutionnelle.

La distance qui sépare ces deux formes gouvernementales est si faible, qu'il semble difficile d'admettre l'impossibilité d'un rapprochement entre leurs partisans.

Que demande la grande majorité des électeurs pour le nouveau gouvernement?

Une constitution dans laquelle il soit tenu compte des aspirations libérales du peuple français, pour :

La liberté de la presse.

La liberté de réunion.

Le droit d'association des travailleurs.

La séparation de l'Église et de l'État.

L'enseignement gratuit et *peut-être* obligatoire.

Le service militaire *sûrement* obligatoire pour tous les citoyens.

La réorganisation administrative avec système d'admission à tous les emplois, par le concours ou le mérite bien et dûment reconnu.

Je constate, sans rien préjuger, que toutes ces questions seront posées.

Sans contester la légitimité de ces tendances libérales, il n'en faudra pas moins réglementer toutes ces libertés par des lois destinées à les protéger contre leurs excès même.

La première condition de salut d'un gouvernement n'est-elle pas, en effet, de se garder et de réprimer les abus qui se peuvent commettre au nom des libertés octroyées?

Témoin le gouvernement de la ci-devant défense nationale, qui n'hésita pas, en présence du danger, à prendre les mêmes mesures que celles tant et si souvent reprochées à l'Empire.

Je veux parler de la suspension des journaux, lorsqu'ils deviennent d'une hostilité par trop accentuée;

De la fermeture des clubs;

De la répression des émeutes;

De l'incarcération des fomenteurs de troubles;

Des préventions plus ou moins prolongées des accusés, etc., etc.

La constitution qui sera élaborée par les députés du pays sera donc probablement libérale, mais aussi essentiellement conservatrice.

D'ailleurs les dernières élections prouvent surabondamment que le pays est avant tout conservateur, que peu de Français se laissent endoctriner par ces pamphlétaires prenant pour thèse l'apologie du régicide; ces sophistes, ces déclassés et ces *fruits secs* de toutes les classes de la société, qui n'ayant jamais pu parvenir à réussir dans leurs propres affaires, ne doutent pas de leurs capacités pour administrer celles de la France.

La constitution, une fois votée et adoptée par les députés, un citoyen désigné à leur choix ou celui du pays, par ses vertus civiques ou sa naissance, est élu comme dépositaire du pouvoir suprême.

Ce citoyen, fût-il prince d'une famille ayant déjà régné en France;

Qu'il soit nommé chef du pouvoir exécutif;

Président de la République ou Roi ;

Qu'il soit pourvu de qualités, dignités ou prérogatives attachées non à sa personne, mais au titre qui lui aura été conféré ;

Ce citoyen, dis-je, deviendra temporairement ou héréditairement le chef constitutionnel du pays, le gardien du pacte fondamental que la Nation Française aura établi avec la plus entière liberté.

Il gouvernera donc suivant la teneur de la constitution qui aura été élaborée avant son avénement et qu'il aura juré d'observer.

Il sera, non pas l'arbitre ou le maître des destinées de la France, mais bien le plus dévoué comme le plus considéré de ses enfants.

Les républicains libéraux demandent que le pouvoir suprême soit exercé temporairement, et les monarchistes constitutionnels désirent, au contraire, que la présidence de ce gouvernement ou pour mieux dire la royauté, soit héréditaire.

Là, réside la divergence d'opinion entre les deux partis.

Il appartient donc au pays de se prononcer sur cette question :

République ou monarchie?

Sans préjuger en rien la décision du peuple français,

on peut dire en toute assurance que la France est bien plus monarchique que républicaine, et que le mot seul de république suffit pour jeter du trouble dans les esprits, exciter la réaction et rompre l'harmonie de ce qu'on est convenu d'appeler le concert européen dans lequel la France ne peut s'abstenir de faire sa partie, quoique ce concert risque fort de devenir bientôt un vrai charivari.

La République, ou du moins son nom seul, j'en conviens, cause l'effroi des habitants des campagnes, et ils sont nombreux dans un pays où l'agriculture est si fort en honneur.

Un tel gouvernement est aussi assez mal vu des grands industriels, des possesseurs d'importantes fortunes territoriales et mobilières, ainsi que de la majorité des commerçants.

Restent donc les travailleurs des grandes villes, si dignes d'intérêt, auxquels je m'adresserai ci-après et pour lesquels ce nom de république, toujours le nom, est doué d'une vertu magique.

Il en est de même des ambitieux de toutes classes qui s'imaginent que sous la République, les places, les fonctions et même les honneurs leur sont dus, quel que soit d'ailleurs leur mérite et par ce seul fait qu'ils sont de vrais républicains.

La meilleure preuve que la Nation Française est loin d'être républicaine, se trouve dans les traditions monarchiques qui, dans l'espace de quatorze siècles, ont donné

à la France toutes ses grandeurs, toutes ses illustra
tions.

On en trouve encore une preuve dans les protesta-
tations contre la république, chaque fois que celle-ci
apparaît.

En effet, la première République datant du 20 septembre 1792, s'éteignit dans les institutions du Directoire
et du Consulat, qui permirent aux Français de revenir à
la forme monarchique qu'ils affectionnent en proclamant,
le 18 mai 1804, Bonaparte Empereur des Français, sous
le nom de Napoléon 1er. . . . Première protestation !

La deuxième République, dont l'avénement eut lieu le
24 février 1848, fut étouffée le 2 décembre 1851, et un
an après, le président de cette République bien que,
indigne d'une telle faveur, fut proclamé Empereur par
près de huit millions de suffrages. . 2e Protestation!!

Enfin, tout récemment encore, lors des dernières élections, *notre gracieuse souveraine, la république*, 3e *du
nom régnant*, le pays consulté, envoya à la chambre près
des deux tiers de ses représentants ayant des tendances
plutôt monarchiques que républicaines. 3e Protestation!!!

Donc pas de république, mais, si l'on veut, un gouvernement très-libéral.

Si je ne craignais d'avancer un paradoxe, je dirais aux
républicains : Vous avez tort de ne pas accepter un roi
comme président de votre république, et aux partisans
de la monarchie constitutionnelle : vous devez avant tout
faire une constitution républicaine.

De cette façon, le rapprochement entre les monarchistes et les républicains semble indiqué, et il ne reste plus aux deux partis qu'à se donner la main.

Malebranche a dit : « Il faut tendre à la perfection, sans » jamais y prétendre. »

J'essayerai d'appliquer ce principe, en disant qu'une élection présidentielle, renouvelée tous les quatre ans, sera préjudiciable aux intérêts du pays.

La population, sans cesse agitée par les passions politiques, ne pourra retrouver un état normal indispensable aux grandes affaires industrielles ou commerciales.

Étant donné le caractère français, son ardeur chevaleresque et son ambition sans bornes, croit-on qu'un homme placé par ses concitoyens à la tête du pays pour y exercer la magistrature suprême, se résignera facilement à quitter le fauteuil présidentiel et à se contenter de fonctions modestes ou même à rentrer dans la vie privée ?

Se figure-t-on, par exemple, M. Gambetta président de la République Française pendant plusieurs années, obligé de reprendre le chemin du Palais... de justice, pour y plaider les droits du mur mitoyen ou y défendre un délit de presse ?

Car il existera toujours des délits de presse, ne fût-ce que pour ouvrir à nos avocats une école de luttes oratoires les préparant aux positions si enviées d'hommes d'État.

Dans la république des États-unis, cela se passe comme

je viens de l'indiquer plus haut, et tout, dit-on, y est pour le mieux.

Mais les mœurs des deux pays ne sont pas semblables, et de même que les hommes ne s'assujettissent pas tous à la même hygiène, les formes des gouvernements doivent changer suivant les traditions et les aspirations de chaque peuple.

Contrairement au pouvoir temporaire, la royauté héréditaire offre des garanties de sécurité et de repos dont la France a plus besoin que jamais.

Elle compenserait par la stabilité les quelques objections qu'on pourrait faire touchant ce privilége de la naissance, le seul qui resterait debout de nos vieilles institutions. Respectons-le donc, ne fût-ce que pour rattacher le passé au présent et perpétuer le souvenir des grandes familles françaises.

Me permettra-t-on de citer, à l'appui de la thèse que je viens de soutenir, le passage suivant d'une circulaire adressée le 6 février dernier par M. le duc d'Aumale aux électeurs :

« Quand je considère la situation de la France, son
» histoire, ses traditions, les événements des dernières
» années, je reste frappé des avantages que présente la
» monarchie constitutionnelle.

• Je crois qu'elle peut répondre aux légitimes aspira-
» tions d'une société démocratique, et garantir avec
» l'ordre et la sécurité tous les progrès, toutes les
» libertés. ». . . . .

. . . .

Je ne terminerai pas ce chapitre sans faire un appel au bon sens et au patriotisme des travailleurs si intelligents, mais quelquefois si égarés, de nos grandes villes manufacturières et surtout de Paris.

Voulez-vous, leur dirai-je, que l'on remette au plus vite en mouvement vos métiers, vos machines et tout votre outillage industriel?

Voulez-vous que les commandes arrivent aux chefs de vos usines, fonderies, ateliers, chantiers et manufactures ?

Voulez-vous reconquérir ces habitudes d'un travail qui honore, en abandonnant ces soldes dérisoires, déguisant plus ou moins l'assistance qui dégrade l'homme viril?

Voulez-vous enfin voir vos salaires revenir à un taux normal que les agitations stériles de la politique vous empêcheraient d'atteindre de longtemps, vous interdisant ainsi, non-seulement de constituer la moindre épargne, mais même de subvenir aux besoins de vos ménages?

Où sont les capitaux nécessaires pour entretenir le travail national et féconder le sol par de grandes entreprises industrielles et agricoles?

Beaucoup ont émigré.

Voulez-vous les rapatrier et les voir ensuite, pour ainsi dire, *sortir de dessous terre?*

Voulez-vous revoir la France, fortifiée par de cruelles épreuves, entièrement régénérée?

Voulez-vous, comme par le passé, que des quantités d'étrangers accourent de tous les points du globe, pour admirer cette belle France que vous aurez contribué à reconstituer si vite?

Et vous, ouvriers de Paris, songez que votre splendide Capitale ne saurait se résigner à déchoir de sa grandeur. Voulez-vous y revoir cette vie, ce mouvement et aussi un peu de ce luxe qui a fait sa réputation et la vôtre, ce luxe qui est pour vous tous une source de travail, d'imagination et de goût?

Si ce programme plus pratique, mais aussi moins pompeux que tous les sophismes sur lesquels vous devez être blasés; si ce programme, dis-je, vous séduit, ralliez-vous franchement, sincèrement à une monarchie constitutionnelle n'excluant aucune de vos aspirations légitimes et vous donnant, par la constitution, les mêmes lois libérales qu'un gouvernement républicain.

Vous pourrez alors être fiers d'avoir efficacement concouru au salut de la France!. . . . .

APPEL A MES CONCITOYENS.

Les idées que je viens d'exposer auront-elles une influence quelconque sur l'opinion publique, touchant la grave question que j'ai étudiée et présentée de mon mieux à mes lecteurs?

Peut-être eussé-je mieux fait d'utiliser mon séjour en Belgique, en y fondant, sous le même titre, une de ces feuilles passagères comme il s'en est tant créé à Paris depuis la chute de l'Empire.

J'aurais pu soutenir dans cette feuille une polémique en faveur du rétablissement de la monarchie constitutionnelle, et y écrire une relation exacte des événements qui se sont passés pendant le siége de Paris, ainsi qu'une revue rétrospective et critique,... *très-critique*, des actes du gouvernement de la défense... ou plutôt de l'offense nationale.

Un tel journal, en ayant quelque chance d'être lu en France, pouvait en même temps offrir un intérêt de curiosité au Public Bruxellois.

Mais, outre que ma plume est trop inexpérimentée pour un pareil travail, mon incompétence sur une foule de questions que je n'ai pas assez étudiées et qui se seraient présentées chaque jour ; la dissemblance existant entre la carrière de publiciste et la profession que j'exerce à Paris, profession libérale des plus honorées sous l'Empire et en tout temps des plus honorables ; mon peu de goût pour les discussions ardentes de la politique qui souvent altèrent les rapports d'amitié les mieux fondés; tout enfin, m'interdisait d'entreprendre une aussi lourde tâche.

Si cependant, ayant mis de côté mes scrupules et mes craintes, j'avais donné suite à un tel projet et que, contre toute attente, mon œuvre eût été couronnée de succès et eût atteint une certaine publicité, on n'eût pas manqué de m'accuser d'être *vendu aux d'Orléans*, terme consacré en ce moment et appliqué à tort et à travers.

Pour en revenir à ma brochure, je me fais peu d'illusions sur le sort qui lui est réservé, car il est avéré qu'une œuvre de cette nature ne peut obtenir de succès qu'à la condition que son auteur soit déjà connu, et cependant il ne peut se faire connaître qu'en écrivant et publiant ses idées, ses pensées et le résultat de ses études.

Il m'est d'autant plus difficile de sortir de ce cercle vicieux, que j'ai signé cet ouvrage d'un nom nouveau, alors que celui que je porte n'est pas absolument inconnu, à Paris du moins.

Dans cette occurrence, j'aurai recours à la bienveillance de ceux de mes lecteurs qui, par principes et par conviction, se rallieraient à l'opinion et aux idées que j'ai émises.

Si donc les Français de distinction auxquels je prends la liberté d'adresser un exemplaire de cette brochure, me font l'honneur de la lire jusqu'à la dernière page et de s'intéresser à son succès, ils y peuvent puissamment contribuer en la signalant à leurs amis politiques, ainsi qu'aux journaux de Paris et des départements avec lesquels ils sont en relation.

Ma reconnaissance leur est à l'avance assurée, moins pour l'éclat que leur sympathique propagande pourrait donner à mon pseudonyme, que pour le concours qu'ils auraient prêté à ma polémique en faveur de la restauration de la royauté constitutionnelle en France.

Pour terminer cet appel à mes concitoyens je n'ajouterai que quelques mots :

Ayons foi dans l'avenir de notre Patrie.

Demandons à nos députés une constitution libérale admettant le principe monarchique.

Souhaitons que la royauté constitutionnelle ainsi rétablie en France soit offerte à l'un des princes d'Orléans et acceptée par lui.

Et formons les vœux les plus sincères pour que le Comte de Paris soit proclamé Roi des Français.

Fasse le ciel que de tels vœux s'accomplissent et que nous puissions bientôt nous écrier librement, dans un élan de joie et de patriotisme :

Vive le Roi !

Vive la France !

FIN.

9 782011 778543